Liebe Wünsche zum Geburtstag

BRUNNEN

*E*s gibt kein schöneres Vergnügen,
als einen Menschen dadurch zu überraschen,
dass man ihm mehr gibt,
als er erwartet hat.

Charles Baudelaire

Was soll ich mit
keinem Geschenk?

Peter T. Schulz

Das ganze Leben ist ein Geschenk!

Anna Johannsen

$\mathcal{D}$u bist einmalig –
ein Wunderwerk der Schöpfung.
Auf der ganzen Welt gibt es keinen anderen Menschen,
der so ist wie du!
Ich wünsche dir,
dass du dich jeden Tag darüber freuen kannst
und viele Menschen sagen hörst:
„Welch Glück, dass du geboren bist!"

Wer viel lacht und viel weint,
wird sehr alt.

Aus China

Wer jeden Abend sagen kann,
er habe gelebt,
dem bringt jeder Morgen
einen neuen Gewinn.

Lucius Annaeus Seneca

Der Kern des Glücks:
Der sein zu wollen, der du bist.

Erasmus von Rotterdam

*I*ch stehe manchmal neben mir
und sage freundlich DU zu mir
und sag Du bist ein Exemplar
wie keines jemals vor dir war
Du bist der Stern der Sterne
Das hör ich nämlich gerne

Jürgen Spohn

$\mathcal{T}$rau dich
Ein Risiko einzugehen
Mal mit dem anderen Fuß zuerst
aus dem Bett zu steigen
Ausgetretene Wege zu verlassen
Nebenstrecken auszuprobieren
Einen inneren Bungee-Sprung zu wagen
An Grenzen zu gehen
Hinzufallen
Am lautesten zu lachen
Nein zu sagen
Dich zu blamieren
Deine Furcht zu benennen
Der Angst entgegenzutreten
„Ja, Ich kann!", zu sagen

Schon wegen der Neugier
ist das Leben lebenswert.

Jüdisches Sprichwort

*L*eben alleine ist nicht genug:
Sonne, Freiheit und eine kleine Blume braucht man auch.

Hans Christian Andersen

Das Herz ist der Schlüssel der Welt
und des Lebens.

Novalis

Freundschaft fließt aus vielen Quellen,
am reinsten aber aus Respekt.

Daniel Defoe

*W*as die Welt für mich bewohnbar macht,
ist auch, dass ich einzelne Menschen weiß,
zu denen ich kommen konnte,
ohne gefragt zu werden,
warum ich komme.

Reiner Kunze

Es soll Menschen geben,
die sich über Gänseblümchen
in ihrem Rasen ärgern.
Du gehörst ganz bestimmt nicht dazu!
Jedenfalls wünsche ich dir viel Freude
an deiner bunten Lebenswiese!

$\mathcal{W}$as ist Glück?
Eine Grießsuppe,
eine Schlafstelle,
gute Freunde
und keine Zahnschmerzen;
das ist schon viel.

Theodor Fontane

$\mathcal{A}$lte Freunde sind wie guter Wein:
Er wird immer besser,
und je älter man wird,
desto mehr lernt man
dieses unendliche Gut schätzen.

Adalbert Stifter

Teilnahme ist ein goldener Schlüssel,
der die Herzen anderer öffnet.

Samuel Smiles

*E*in Wort ist oft wichtiger
als eine große Gabe,
und ein freundlicher Mensch
gibt sie beide.

Jesus Sirach

  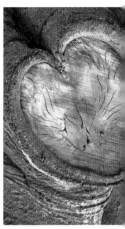

$\mathcal{Z}$u fällen einen schönen Baum
braucht's eine halbe Stunde kaum.
Zu wachsen, bis man ihn bewundert,
braucht er – bedenk' es – ein Jahrhundert.

Eugen Roth

Es gibt kein Verbot
für alte Weiber
in Bäume zu klettern.

Astrid Lindgren

*I*ch wünsche dir Glück, Gesundheit,
jeden Tag ein strahlendes Lächeln,
die Kraft, Schwierigkeiten zu meistern
und gestärkt daraus hervorzugehen.
Und mir wünsche ich ein feines Gespür dafür,
wann du meinen Rat suchst
und wann du mein Schweigen brauchst.

Vergnügungen

Der erste Blick aus dem Fenster am Morgen
Das wiedergefundene alte Buch
Begeisterte Gesichter
Schnee, der Wechsel der Jahreszeiten
Die Zeitung
Der Hund
Die Dialektik
Duschen, Schwimmen
Alte Musik
Bequeme Schuhe
Begreifen
Neue Musik
Schreiben, Pflanzen
Reisen
Singen
Freundlich sein.

Bertolt Brecht

Es ist schön zu leben,
weil leben anfangen ist,
immer, in jedem Augenblick.

Cesare Pavese

*N*icht die Jahre in unserem Leben zählen,
sondern das Leben in unseren Jahren zählt.

Adlai E. Stevenson

Im Prinzip ist das Altwerden erlaubt,
aber es wird nicht gern gesehen.

Dieter Hildebrandt

Das Geheimnis des Glücks ist,
statt der Geburtstage die Höhepunkte
des Lebens zu zählen.

Wall Street Journal

$\mathcal{I}$ch wünsche dir die Gelassenheit,
das hinzunehmen, was du nicht ändern kannst.
Ich wünsche dir den Mut,
das zu ändern, was du ändern kannst.
Und Gott schenke dir die Weisheit,
das eine vom andern zu unterscheiden.

Nach Roland Niebuhl

Wer durch des Argwohns Brille schaut,
sieht Raupen selbst im Sauerkraut.

Wilhelm Busch

Ich wünsche dir Stärke und Mut,
Steine aus deinem Weg zu räumen.
Möge ein hoher Turm daraus wachsen,
den du voll Freude besteigen kannst.
Und wenn du fällst,
mögen viele Arme sich dir entgegenstrecken,
um dich liebevoll aufzufangen.

Blumen sind die Liebesgedanken der Natur.

Bettina von Arnim

„Toll, wie du das machst!"
Ein solcher Satz schafft Selbstvertrauen –
nicht nur bei Kindern.
Hörst du hin, wenn ihn dir jemand sagt?
Und: Sprichst du ihn dir selbst mal zu?
Wag es doch, dich gut zu fühlen!
Wag es, dich hoch einzuschätzen!
Du bist ein Geschöpf Gottes,
von ihm ins Leben gerufen,
teuer erkauft,
wertvoll.
Du darfst dir Gottes Liebe
und deiner selbst ganz sicher sein!

Frohen Herzens dem Leben vertrauen
heißt es lieben.

K. O. Schmidt

Ich hatte schon immer den Verdacht,
dass das Ausblasen der Kerzen
auf der Geburtstagstorte
ein getarnter Gesundheitstest
für die Versicherung ist.

Katherine Hepburn

Alter spielt sich im Kopf ab,
nicht auf der Geburtsurkunde.

Martina Navratilova

*I*ch wünsche dir,
dass du immer wieder
zu dem Kind zurückfindest,
das in dir steckt,
und dass du ihm Raum lässt
in deiner erwachsenen Welt.

Du kannst das Leben nicht verlängern,
noch verbreitern, nur vertiefen.

Gorch Fock

Impressum:

Bertolt Brecht, *Gedichte 7*, Suhrkamp Verlag, Frankfurt/Main 1964
Peter T. Schulz, *Was soll ich mit keinem Geschenk*,
Olles Hansen-Gedicht
Jürgen Spohn aus *Drunter und Drüber*, Bertelsmann Verlagsgruppe,
München 1996

Texte ohne Autorenangabe: Irmtraut Fröse-Schreer

Trotz intensiver Recherche konnten nicht alle Rechteinhaber
gefunden werden. Der Verlag dankt für Hinweise.

© 2011 Brunnen Verlag Gießen
www.brunnen-verlag.de
Redaktion: Irmtraut Fröse-Schreer
Gestaltung und Satz: Sabine Schweda
Fotos: shutterstock, fotolia, istockphoto/ Titelfoto: FloraPress
Druck: Theiss, Österreich
ISBN 978-3-7655-1772-3